BEI GRIN MACHT SICH IHR WISSEN BEZAHLT

AF130578

- Wir veröffentlichen Ihre Hausarbeit, Bachelor- und Masterarbeit

- Ihr eigenes eBook und Buch - weltweit in allen wichtigen Shops

- Verdienen Sie an jedem Verkauf

Jetzt bei www.GRIN.com hochladen und kostenlos publizieren

Stand der Technik der Stampflehmbauweise in Europa 2021

Hussam Alrai

Bibliografische Information der Deutschen Nationalbibliothek:

Die Deutsche Nationalbibliothek verzeichnet diese Publikation in der Deutschen Nationalbibliografie; detaillierte bibliografische Daten sind im Internet über http://dnb.d-nb.de abrufbar.

ISBN: 9783346450043
Dieses Buch ist auch als E-Book erhältlich.

Druck und Bindung: Books on Demand GmbH, Norderstedt Germany
Gedruckt auf säurefreiem Papier aus verantwortungsvollen Quellen

Das vorliegende Werk wurde sorgfältig erarbeitet. Dennoch übernehmen Autoren und Verlag für die Richtigkeit von Angaben, Hinweisen, Links und Ratschlägen sowie eventuelle Druckfehler keine Haftung.

Das Buch bei GRIN: https://www.grin.com/document/1036863

BPS Arbeit

Stand der Technik der Stampflehmbauweise in Europa 2021

Name　　　　Hussam Alrai

Semester　　WiSe 20/21

Abgabedatum　15.03.2021

Inhaltsverzeichnis

1. Einleitung

Motivation

Ich bin einem Land geboren, in dem Lehm über tausende Jahre als Baumaterial verwendet und mit der Tontafel eines der ältesten Schreibmaterialien der Menschheit entwickelt wurde: dem Irak. Schon immer habe ich mich gefragt, warum dort kaum historische alte Gebäude zu sehen sind, obwohl Städte wie Babylon, Uruk und Ninive meist als Wiege der urbane Geschichte präsentiert werden? Eines Tages habe ich die Antwort auf meine Frage erfahren und mich direkt sehr dafür interessiert. Das dort vorhandene Baumaterial ist nämlich ein bis zu 100% abbaubares: Lehm. Daher sind die Gebäude nach vielen Jahren einfach verschwunden und wieder eins mit ihrem Ursprung, der Erde, geworden. Während meines Studiums habe ich im dritten Semester die Konstruktiven Grundlagen III besucht. In einer Vorlesung mit dem Titel "HOLZ Ansätze für nachhaltige Architekturlösungen"[1] zeigte Prof. Dipl. Ing. Brigitte Häntsch eine Tabelle, in der verschiedene Baustoffe einander gegenüber gestellt wurden. Ich war sehr erstaunt, dass Lehm anhand vieler Kriterien und Eigenschaften sehr positiv bewertet wurde und bei vielen Eigenschaften sogar besser als Holz. So entstand die nächste Frage: Warum baut man denn heute nicht einfach mit Lehm, wie man es bereits für tausende Jahre erfolgreich getan hat? Das war der Moment, in dem ich mich entschied, mich intensiv mit Lehm zu beschäftigen Warum baut man denn heute nicht einfach mit Lehm, wie man es bereits für tausende Jahre erfolgreich getan hat? Diese beiden Gedanken stecken hinter meinem Interesse für das Bauen mit Lehm. Besonders interessiere ich mich dabei für den Stampflehmbau, dem ich mich deshalb auch in meiner Arbeit widmen werde.

Fragestellung

Die vorliegende Arbeit beschäftigt sich mit dem Thema der Stampflehmbauweise und untersucht diesbezüglich den Stand der Technik in Europa im Jahr 2021. Es wird dabei weniger intensiv auf den geschichtlichen Hintergrund eingegangen, sondern möglichst ausgiebig auf die konstruktiven Aspekte sowie die Herstellungsverfahren. Die tragenden Stampflehmwände werden dabei eine besondere Rolle spielen sowie die Kombination zwischen Stampflehm und anderen Konstruktionen und Tragwerksystemen. Im Anschluss an eine einführende Definition der Grundlagen werden anhand einer vergleichenden Betrachtung mehrerer Projekte die wesentlichen Merkmale der technischen Werkzeugen und Methoden der Stampflehmbauweise untersucht, dargestellt und miteinander verglichen. Darüber hinaus wird ein Blick auf einige teils aktuelle Forschungsexperimente bezüglich der robotischen Fabrikation geworfen, um das zukünftige Potenzial des Materials zu erfahren.

---

[1] Tabelle 5

2. Grundlagen

2.1 Historischer Blick

Der Stoff Lehm wurde weltweit für tausende Jahre als sehr wesentlicher Baustoff verwendet, insbesondere da, wo sich heiße und trockene Klimazonen befinden. Catal Höyük, eine in der heutigen Türkei ausgegrabene Siedlung, wird auf den Zeitraum zwischen 7500 und 5700 v. u. Z. datiert. Sie gilt als erste ausgegrabene, feste Hauskonstruktion aus Lehmbaustoffen der Welt. Die Konstruktion bestand aus Außenwänden mit einer tragenden Funktion aus Lehmsteinen sowie innenliegenden Holzstützen, die das Dach tragen. Als Wetterschutz wurde das Dach mit Schilf und einem Lehmschlag abgedichtet. Catal Höyük ist kein Dorf aber immer noch keine Stadt. Die Häuser der Siedlung wurden dicht nebeneinander gebaut, sodass man sie nur vom Dach über eine Leiter betreten konnte.[2] Das ganze Haus bestand aus nur einem Zimmer mit unterschiedlichen Nutzungsbereichen. Diese Bauweise nennt man agglutinierende Bauweise.

Städte wie Uruk und Babylon 7000 v. u. Z. gelten als Beginn der urbanen Geschichte der Menschheit, da, wo optimale Bedingungen, ein guter Boden und ausreichend Feuchtigkeit mit wenigen Klimaschwingungen vorhanden waren. Aber nicht nur im Nahen Osten, sondern überall, wo Wasser zu Verfügung stand: der Nahe Osten, Indien, China, Mexiko, Mittelamerika und Südamerika[3]. In China lassen sich tragende Lehmkonstruktionen sowie Skelettkonstruktionen mit Lehm über mehrere tausend Jahre archäologisch nachweisen. Darüber hinaus wurden – je nach lokaler Verfügbarkeit der Materialien in den jeweiligen Regionen – Teile der großen Chinesischen Mauer aus Stampflehm gebaut. In Südwest Asien sind die ersten festen Hauskonstruktionen archäologisch nachgewiesen. Bis heute noch sind im Zweistromland zwischen Euphrat und Tigris im heutigen Irak, in Afghanistan und im Iran Sakralbauten aus vorgefertigten Lehmsteinen zu finden, die so groß sind wie die ägyptischen Pyramiden. 5000 v. u. Z. wurden in Assyrien Stampflehmfundamente gefunden. Wie im Bild dargestellt, soll 1320 v. u. Z. in China die Technologie der Stampflehmbauweise von Fu Yueh erfunden worden sein[4].

Lehm wurde also jahrtausendelang erfolgreich als Baumaterial verwendet, besonders in den trockenen Gebieten. Es sind im städtebaulichen Kontext komplette Städte aus Lehm zu finden, wie das Beispiel Schibam zeigt. Gebäude aus Lehm bis bis zu acht Stockwerken haben in der jemenitischen Stadt für mehrere Jahrhunderte und bis heute überlebt.

Abbildung 1 - Lehmstampfbau im alten China, Shang-Dynastie, ca. 1320 v. u. Z.
Quelle: Lehmbau: Mit Lehm ökologisch planen und bauen; Horst Schroeder; (eBook) 2019

Diese Abbildung wurde aus urheberrechtlichen Gründen von der Redaktion entfernt

---

[2] Vorlesung Geschichte der gebauten Umwelt, Dr.-Ing. habil. Kerstin Renz, Universität Kassel, 18.10.2018
[3] Vorlesung Geschichte der gebauten Umwelt, Prof. Dr. habil. Harald Kegler, Universität Kassel, 25.10.2018
[4] Lehmbau: Mit Lehm ökologisch planen und bauen; Horst Schroeder, S. 2-22, (eBook) 2019

2.2 Stampflehmbauweise

Mit der Stampflehmbauweise werden Böden, tragende und nicht tragende Wände gebaut. Bei Stampflehmwänden wird der Lehm zwischen zwei Schaltafeln geschüttet, ausgeglichen und dann gestampft. Die Festigkeit der Wand wird dabei nur durch den Verdichtungsprozess erreicht – es sei denn, man fügt bei der Materialmischung andere chemische Stoffe wie Zement hinzu. Vor der Verdichtung beträgt die Höhe der Lehmlagen ca. zwischen 10 und 15 cm[5], dann wird sie auf ca. 8 cm gestampft, was den Stampflehmwänden eine horizontale Struktur verleiht.

Abbildung 2 - Innenraum, Kapelle der Versöhnung
Quelle: Christian Jungenbloth

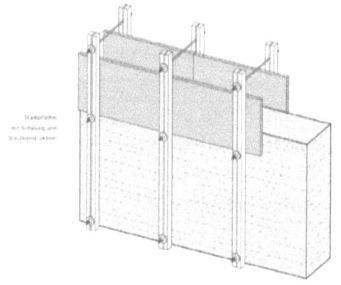

Abbildung 3 - Stampflehmwand mit der Schalung
Quelle: Dachverband Lehm e.V.

Schalung

Da Stampflehm eines der schwierigsten Materialien ist, muss die Wand auf einem sehr festen Sockel, zum Beispiel aus Beton, stehen. Für die Schalung eignen sich die üblichen Holztafeln oder auch die Schalungssysteme des Betonbaus. Dabei muss man jedoch sehr auf den seitlichen Druck aufpassen: Das Schalungssystem muss einen Schaldruck von mindestens 60 kN/m² haben[6]. Es ist außerdem ratsam, die Schalung mit möglichst wenig Schalungsanker zu bauen, damit die Ungleichmäßigkeit schwer lesbar wird. Hinzu kommt die innere Oberfläche der Schalung. Sie sollte mit Furnierschichtholzplatten[7] abgedeckt werden, um eine rauere Oberfläche der Lehmwand zu vermeiden. Der Aufbau der Schalung kostet sehr viel Zeit und Aufwand. Daher und wegen des Transports sollten die Schaltafeln so leicht wie möglich sein.

Stampfgeräte

Für tausende Jahre hat man Stampflehmböden sowie Stampflehmwände manuell mit händischen Werkzeugen aus Holz oder Stahl erstellt. Sie werden immer noch weltweit verwendet und wiegen normalerweise ca. 5-8 kg[8]. Das hat sich in den letzten Jahren wegen des technischen Fortschritts geändert. Pneumatische oder elektrische Stampfgeräte

---

[5] Lehmbau-Praxis, S. 219; Ulrich Röhlen und Christof Ziegert
[6] Lehmbau-Praxis, S. 217; Ulrich Röhlen und Christof Ziegert
[7] Lehmbau-Praxis, S. 217; Ulrich Röhlen und Christof Ziegert
[8] Lehmbau: Mit Lehm ökologisch planen und bauen, S. 150-151; Horst Schroeder

finden immer mehr und am meistens bei der Erstellung von Stampflehmelementen Verwendung. Sie wiegen max. 15 kg[9]. In den letzten 10 Jahren wurden außerdem Maschinen entwickelt, die voll- oder halbautomatisch stampfen. Der Anreiz für diese Entwicklung ist einerseits die Einsparung von Zeit und Aufwand sowie der damit verbundenen Kosten, andererseits aber auch die Ermöglichung eines Vorfertigungsprozesses für die Massenproduktion.

Materialmischung

Das Aushubmaterial für die Stampfbauteile besteht hauptsächlich aus Lehm, Sand und Schotter. Diese Materialen werden in bestimmten Mengen mit Hilfe eines Zwangsmischers miteinander vermischt, dann zwischen die Schalbretter gefüllt und mit einem Stampfwerkzeug schichtweise erdfeucht verdichtet. Dabei spielen die Art der Körnung, die Korngröße und die Kornverteilung eine entscheidende Rolle, denn nur durch die Verdichtung wird die Festigkeit des Bauteils erreicht. Es sei denn, man fügt Zusatzstoffe wie Zement als Stabilisatoren hinzu. Die scharfkantige, raue Gesteinskörnung eignet sich dabei sehr gut, da sie die Bindekräfte der Mischung erhöht[10].

Abbildung 4 - Aufbereitung des Aushubmaterials zu einer Stampflehmmischung
Quelle: Emmanuel Dorsaz

---

[9] Lehmbau: Mit Lehm ökologisch planen und bauen, S. 150-151; Horst Schroeder
[10] Lehmbau-Praxis, S. 210; Ulrich Röhlen und Christof Ziegert

3. Stand der Technik

Zunächst werden acht ausgewählte zeitgenössische Projekte, bei denen Stampflehm einen wesentlichen Teil der Konstruktion ausmacht, dargestellt, analysiert und miteinander verglichen. Ziel ist dabei, die wesentliche Merkmale der Bauweise und der Herstellung der Stampflehmwände zu verstehen bzw. zu definieren.

3.1 Vergleichende Projektbetrachtung

Um das Ziel zu erreichen, werden die folgenden Aspekte als Parameters für den Vergleich definiert:

1. Das Baujahr des Gebäudes

2. Die Geschossigkeit bzw. die Frage, wie hoch die Stampflehmelemente sind.

3. Die Dicke der Stampflehmwände

4. Das Herstellungsverfahren und das Vorfertigungsverfahren

5. Die Materialmischung und die Zusatzstoffen

6. Tragende Funktionen der Stampflehmwände

7. Die Methode der Erosion schützt

8. Dämmung

9. Tragwerksystem des Gebäudes

3.1.1 Kapelle der Versöhnung

Baujahr	1999-2000
Ort	Berlin, Deutschland
Architekt	Peter Sassenroth und Rudolf Reitermann
Bauherr	Evangelische Versöhnungsgemeinde Bernauerstraße

Auf den Fundamenten der alten Kirche in Berlin, die aufgrund ihrer Lage im ehemaligen "Todesstreifen" der Berliner Mauer 1985 gesprengt wurde, wurde die Kapelle der Versöhnung errichtet. Der Baukörper lässt sich durch zwei ineinander liegende, oval förmige Hüllen definieren. In der Mitte befindet sich ein oval förmiger fester Kern aus Stampflehm. Dazu kommt eine zweite Hülle, die aus einer Holzlamellenkonstruktion besteht. Dieses Gebäude gehört zu den ersten Gebäuden in Europa, die inmitten einer Metropole aus Stampflehm gebaut wurden. Die Dicke der selbsttragenden Wand beträgt 60 cm mit einer

Abbildung 5 - Kapelle der Versöhnung
Quelle: wikipedia

Höhe von ca. 7,2 m und wurde unter Anleitung von Martin Rauch gebaut.[11] Die Materialmischung stammt aus der Umgebung von Berlin und besteht aus ca. 390 t Erde mit Ziegelschutt aus der ehemaligen Kirche, die Schicht für Schicht zwischen zwei gebogenen

Schalungen mit einem Pressluftstampfer an der Baustelle gestampft wurden. Technisch war die Vorfertigung damals noch nicht möglich. Die Verwendung der Stampflehmbauweise brachte weitere Herausforderung mit sich. Da das Bauen mit Stampflehm noch nicht normiert ist, musste man viel mit dem Material erproben und ein eigenes Zulassungsverfahren durchführen. Die Lehmkonstruktion ist durch ein auskragendes Holzdach vor der Witterung geschützt.

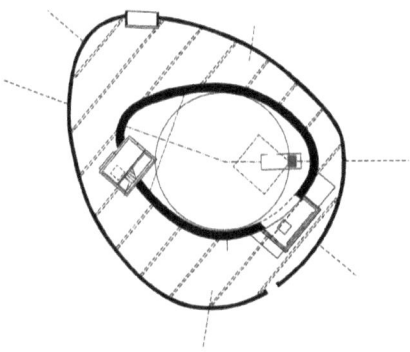

Abbildung 6 - Kapelle der Versöhnung
Quelle: Florian Monheim

[11] Handbuch Lehmbau, 2012, S.204; Gernot Minke

Abbildung 7 - Grundriss Kapelle der Versöhnung
Quelle: strasse-der-moderne.de

3.1.2 Haus Rauch

Baujahr   2005-2008
Ort   Schlins, Österreich
Architekt   Boltshauser Architekten und Martin Rauch
Bauherr   Lehm Ton Erde Baukunst GmbH

Das Haus Rauch wurde von Boltshauser Architekten und Martin Rauch gemeinsam konzipiert und ist eines der bekanntesten Projekte, die hauptsächlich aus Lehm gebaut wurden. Das Haus zeichnet sich im Gegensatz zu den üblichen Vorstellungen von Lehmgebäuden durch eine gewisse Scharfkantigkeit sowie eine klare Formsprache aus. Die Massivbauweise ist das Haupttragwerksystem des Gebäudes. Die Konstruktion besteht hauptsächlich aus Stampflehmwänden, die komplett vor Ort an der Baustelle gebaut wurden.

Abbildung 8 - Haus Rauch; Quelle: Beat Bühler

Das Fundament
Es wurden Streifenfundamente mit 60 cm Tiefe aus Stampfbeton gebaut. Zum Feuchtigkeitsschutz wurden sowohl an der Außenseite des Fundaments als auch an den Kellerwänden Bitumenbahnen gelegt. Die Kellerwände erhielten aber auch zum Wärmeschutz Glasschaumdämmung.[12]

Kontrollierte Erosion
In diesem Haus wurde sowohl auf Stabilisatoren im Lehm als auch auf Dachüberstände verzichtet. Das bringt eine sehr große Herausforderung mit sich, da die Außenwände vor dem Schlagregen geschützt werden müssen. Aus architektonischen, gestalterischen und manchmal geografischen Gründen kann bzw. möchte man meistens auch keine Vorhangfassade verwenden. Daher musste Martin Rauch sich eine andere Möglichkeit zum Erosionsschutz der Wände ausdenken und einen anderen konstruktiven Wetterschutz erfinden. Nach einer sehr langen Beschäftigung mit diesem Problem bemerkte er, dass der schnell fließende Schlagregen auf der Außenoberfläche der Außenwände Erosion mit sich bringt.

Abbildung 9 - Fassade, Haus Rauch; Quelle: Beat Bühler

---

[12] DETAIL 5, 2009

Um die Erosionsmenge zu mindern, muss die Geschwindigkeit dieses Wasserflusses unterbrochen werden. Aus diesem Grund wurden Ziegelplatten nach jeder dritten Schicht in die Stampflehmwände integriert und mitgestampft. Die Ziegelplatten sind ca. 15 cm breit und wurden an der Schalungsaußenkante gelegt: *„Der Feinlehmanteil wird dabei anfangs in großer Menge abgespült, wobei das im Stampflehm enthaltene Steingranulat stabilisierend auf die Lehm-oberfläche wirkt, das heißt die Erosion wird in der Folge langsamer"[13]*, so Martin Rauch.

Stampflehmwände

Die Dicke der Wände beträgt 45 cm und sie sind mit zwei innenliegenden Lagen je 5 cm dicker Schilfrohrdämmung und mit 3 cm Lehmputz mit Wandheizung verputzt. Beim Bauprozess wurde kein Vorfertigungsverfahren zur Erstellung der Wände verwendet, alle Wände wurden an der Baustelle in der richtigen Position gestampft. Der Lehm wurde zwischen den Schalungsbrettern in ca. 12 cm dicke Schichten gefüllt und mit dem Pressluftstampfer auf etwa 8 cm verdichtet. In der Materialmischung wurden keine Stabilisatoren eingemischt. Stattdessen wurde Steinmaterial mit einer Korngröße von bis zu 30 mm Durchmesser hinzugefügt. Die Festigkeit der Wände wurde also nur durch die Verdichtung der Mischung erreicht.[14]

Abbildung 10 - Bauprozess, Haus Rauch; Quelle: Martin Rauch

Abbildung 11 - Haus Rauch; Quelle: Beat Bühler

---

[13] BHW 5, 2011
[14] DBZ, Artikel verfasst von Von Thomas Wieckhorst, 22.01.2018

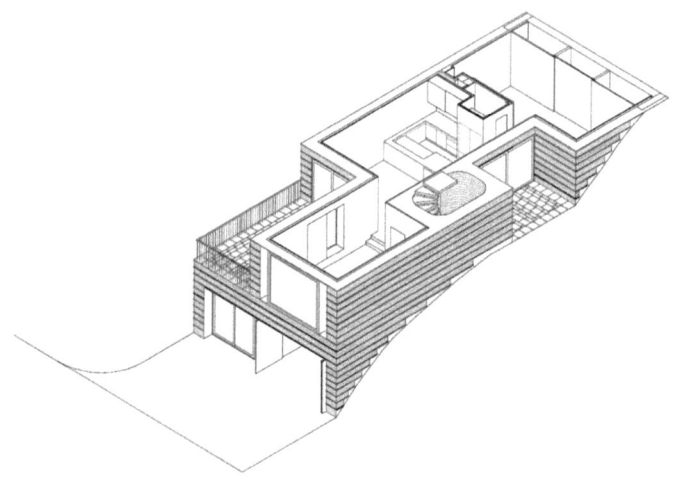

Abbildung 12 - Axonometrie EG, Haus Rauch
Quelle: bauhandwerk.de

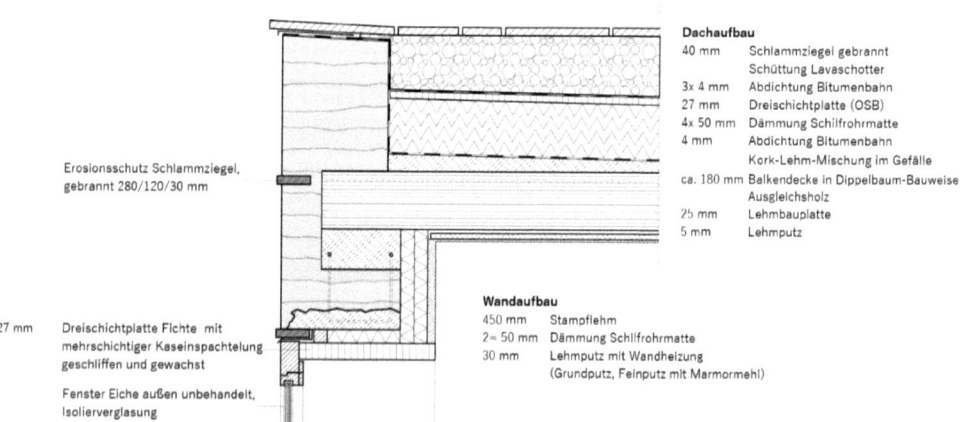

Dachaufbau

40 mm	Schlammziegel gebrannt
	Schüttung Lavaschotter
3x 4 mm	Abdichtung Bitumenbahn
27 mm	Dreischichtplatte (OSB)
4x 50 mm	Dämmung Schilfrohrmatte
4 mm	Abdichtung Bitumenbahn
	Kork-Lehm-Mischung im Gefälle
ca. 180 mm	Balkendecke in Dippelbaum-Bauweise
	Ausgleichsholz
25 mm	Lehmbauplatte
5 mm	Lehmputz

Erosionsschutz Schlammziegel,
gebrannt 280/120/30 mm

Wandaufbau

450 mm	Stampflehm
2x 50 mm	Dämmung Schilfrohrmatte
30 mm	Lehmputz mit Wandheizung
	(Grundputz, Feinputz mit Marmormehl)

27 mm   Dreischichtplatte Fichte mit
mehrschichtiger Kaseinspachtelung
geschliffen und gewachst

Fenster Eiche außen unbehandelt,
Isolierverglasung

Detail 1 - Dach-Wandanschluss, Haus Rauch
M 1:20

3.1.3 Schwimmbad in Toro

Baujahr   2010
Ort   Toro, Spanien
Architekt   Vier Arquitectos
Bauherr   Stadtverwaltung Toro

In Toro, nordwestlich von Madrid in Spanien, wurde dieses Projekt durch einen Wettbewerb konzipiert. Die Architektur des Schwimmbads bezieht sich auf Merkmale der historischen sowie monumentalen Architektur der Stadt. Daher hat man sich für Stampflehmwände entschieden. Die tragenden 60 cm dicke Wände aus Stampflehm erstrecken sich über Ein- und Zweigeschosse. Die Hauptlängswände wurden wegen einer Raumhöhe von 6,40 m mit zylindrischen Stahlrohren kombiniert, um das Tragsystem zu verstärken und 36 m Spannweite zu ermöglichen. [15] Die Wände haben also eine tragende Funktion, wurden nicht gedämmt und

Abbildung 13 - Schwimmbad Toro; Quelle: Héctor Fernández Santos-Díez

nicht vorgefertigt, sondern an der Baustelle gestampft. Zum Erosionsschutz wurden die Oberflächen der Stampflehmwände sowohl von innen als auch von außen additiv mit Siloxan behandelt. Es wurden außerdem dabei Zusatzstoffe wie Kalk, Sand und Zement verwendet, um eine höhere Festigkeit zu erreichen.[16]

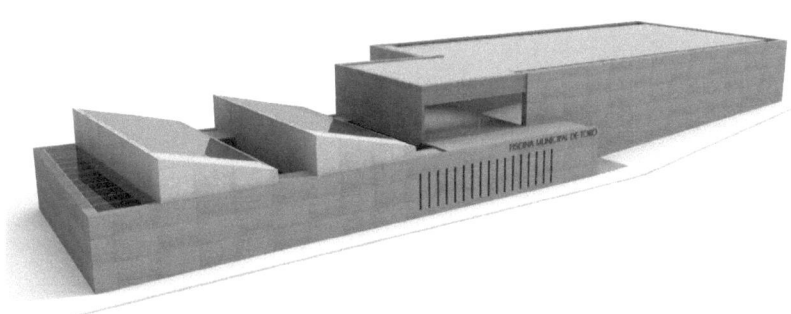

Abbildung 14 - Schwimmbad Toro: Quelle: archello.com

---

[15] DETAIL 11, 2011
[16] BauNetz: Öffentliches Hallenbad in Toro.

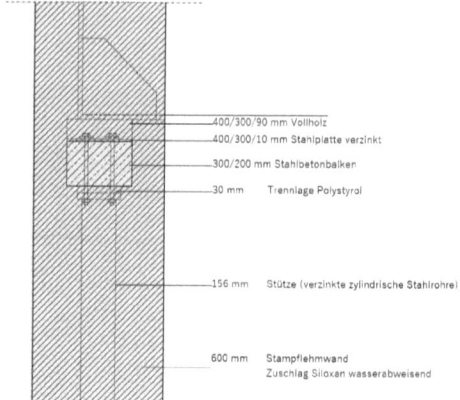

400/300/90 mm Vollholz
400/300/10 mm Stahlplatte verzinkt
300/200 mm Stahlbetonbalken
30 mm   Trennlage Polystyrol

156 mm   Stütze (verzinkte zylindrische Stahlrohre)

600 mm   Stampflehmwand
                Zuschlag Siloxan wasserabweisend

Detail 2 – Wandaufbau
M 1:20

Abbildung 15 - Schwimmbad Toro; Quelle: Héctor Fernández Santos-Díez

13

3.1.4 Lehmhaus für Umweltbildung

Baujahr	2011-2012
Ort	Vorder Brüglingen, Basel, Schweiz
Architekt	Barcelo Baumann Architekten GmbH
Bauherr	Christoph Merian Stiftung

Das Lehmhaus für Umweltbildung wurde von Barcelo Baumann Architekten konzipiert und gebaut. Es ist ein Teil der Merian Gärten Brüglingen südlich der Stadt Basel in der Schweiz, wo sich unter anderem eine Gärtnerei, ein Hühnerhof und eine Schafweide befinden. Im Haus wird praktisches Wissen an Schulkinder sowie an die Öffentlichkeit vermittelt. Das Haus steht auf einem massiven Sockel. Das Tragsystem des Gebäudes besteht hauptsächlich aus einer vorgefertigten Holzkonstruktion. [17]

Die Zwischenräume der Holzwände wurden dabei mit einer Dämmschicht aus einer Zelluloseflockung ausgefüllt. Dazu wurden für die Aussteifung auf der Innenseite Dreischichtplatten eingebaut. Auf der Außenseite der tragenden Holzkonstruktion wurden Stampflehmelemente angebracht. Die 1,4 Meter hohen, 3,5 Meter langen und 25 cm dicken Lehmblöcke wurden in Vorarlberg von der Firma Lehm Tone Erden GmbH vorgefertigt. Die Stampflehmwände wurden durch einen Dachüberstand vor der Witterung geschützt. Hinzu wurden Trasston Schichten in die Wände als zusätzlicher Erosionsschutz miteingestampft. Das Deckengitter besteht aus grau lasierten Holzstäben, die bei den Giebelflächen in die Vertikale laufen.[18]

[17] BURGERGMAIND ZYTIG, Nummer 114, S. 16, Mai 2013
[18] Hochparterre: Zeitschrift für Architektur und Design, Band 26, Heft 6-7, 2013

3.1.5 Ricola Kräuterzentrum

Baujahr   2012-2013
Ort   Laufen, Schweiz
Architekt   Herzog & de Meuron
Bauherr   Ricola Ltd.

Das Projekt Ricola Kräuterzentrum ist das größte Lehmgebäude Europas sowie das erste Beispiel für die Verwendung von vorgefertigten Stampflehmwänden in großem Maßstab in einem hochmechanisierten Verfahren. Die verwendeten Materialien für die Wände (Erde, Kies und Mergel) wurden aus dem Gelände selbst abgeleitet und mit weiteren Steinmaterialien aus einem Umkreis von 8 Kilometern ergänzt. Die Stampflehmwände tragen ihre eigene Last und benötigten nur wenige importierte Materialien, um die strukturelle Stabilität zu ergänzen.[19]

Abbildung 16 - Ricola Kräuterzentrum; Quelle: Markus Buehler

Abbildung 17 - Bauprozess, Ricola Kräuterzentrum; Quelle: Iwan Baan

Die gesamte Konstruktion besteht aus 70 vorgefertigten Stahlbeton-Stützen und 666 Stampflehm-Blöcken (3 m Länge und 1,3 m Höhe). Die Wände haben eine Dicke von 45 cm und wurden an die Betonfertigteile angehängt.[20] Es geht also dabei um einen komplett mechanisierten Bauprozess für ein hybrides Gebäude mit 111 x 28,9 m Fläche und 10,8 m hohen Wänden. Um den Trocknungsprozess der Lehmwände zu beschleunigen, wurden sie vor der Entstehung des Tragwerks getrennt von der Baustelle von der Firma Lehm Ton Erde hergestellt.[21]

Erosionsschutz

Der Dachüberstand beträgt 50 cm, was im Vergleich zu 10,8 m Wandhöhe sehr gering ist. Es wurde aber sowohl auf eine vorgehängte Fassade als auch auf Stabilisatoren verzichtet. Als Wetterschutz entwickelte Martin Rauch eine andere Methode. In die vorgefertigten Stampflehmwände wurde eine 2,5 cm hohe Schicht Trasskalkmörtel integriert. Diese wurde mit einer Tiefe von 10 bis 15 cm alle etwa 60 cm miteingestampft. Die

---

[19] Upscaling Earth: Martin Rauch, S. 61, 2019
[20] detail.de, Online Artikel 28.11.2018
[21] BWH 10, 2011

Trasskalkmörtel-Schichten brechen den Fluss des Schlagregens auf der Außenfassade, was zu einer sehr geringen **Erosion** führt. Die Festigkeit der Wände wurde nur durch die Verdichtung der Steine (bis 30 mm Durchmesser) in der Materialmischung erreicht, da keine zusätzlichen Stabilisatoren verwendet wurden.

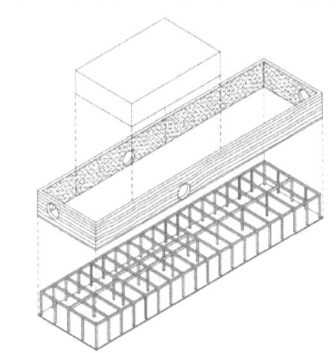 

Abbildung 18 - Konstruktionskonzept, Ricola Kräuterzentrum
Quelle: DETAIL 3 2015

Abbildung 19 - Bauprozess, Ricola Kräuterzentrum; Quelle: Markus Bühler

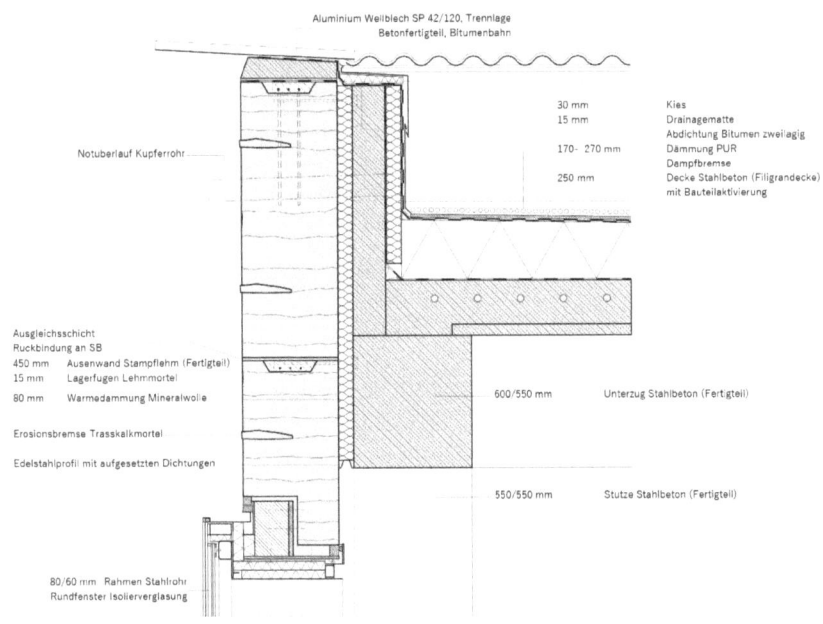

Detail 3 – Attika
M 1:20

3.1.6 Besuchszentrum schweizerische Vogelwarte Sempach

Baujahr   2015
Ort   Sempach, Schweiz
Architekt   mlzd
Bauherr   Schweizerische Vogelwarte Sempach

Das Besuchszentrum in der kleinen Stadt Sempach ist das erste dreigeschossige Lehmgebäude in der Schweiz. Es wurde vom Architekturbüro mlzd aus Biel über einen Wettbewerb entworfen und realisiert. Die Vogelwarte soll der Öffentlichkeit das Thema Vögel nahebringen und dient außerdem als Rettungsstation für junge Tiere.[22] Der Baukörper besteht aus einem dreiteiligen Gebäudevolumen mit polygonalem Grundriss: zwei kompakte, massive Lehmbaukörper, die durch ein transparentes und komplett verglastes Zentrum verbunden sind. Das Gebäude wurde also mit vorgefertigten Stampflehm-

Abbildung 20 - Schweizerische Vogelwarte;
Quelle: DETAIL 1/2016, Alexander Jaquemet

wänden, einer leichten Holzkonstruktion und Stahlbetonkonstruktion erbaut.[23] Die selbsttragenden Lehmwände sind 45 cm dick und wurden ohne Dämmstoff von der Firma Lehm Ton Erde GmbH[24] unter der Leitung von Martin Rauch in Schlins, Österreich vorgefertigt. Dafür wurden ca. 1.000 t Material aus dem Laufental verwendet. Für den Erosionsschutz wurde hierbei Trasskalkmörtel zwischen den Lehmschichten mit eingestampft. Wegen des Schlagregens wird die Außenoberfläche der Außenwände mit der Zeit rauer aber schützt sich selbst durch die horizontalen Trasskalk-Schichten, die zur Verlangsamung des Wasserflusses führen und somit zur Verringerung der Erosion. Da nicht genug Lehmbauprojekte als Referenzen, Standardlösungen oder Vorbilder zu Verfügung stehen, musste man die Anschlüsse für die Auflagerung des Holzdaches auf den Lehmwänden laut Projektleiterin Julia Domanska neu entwickeln.[25]

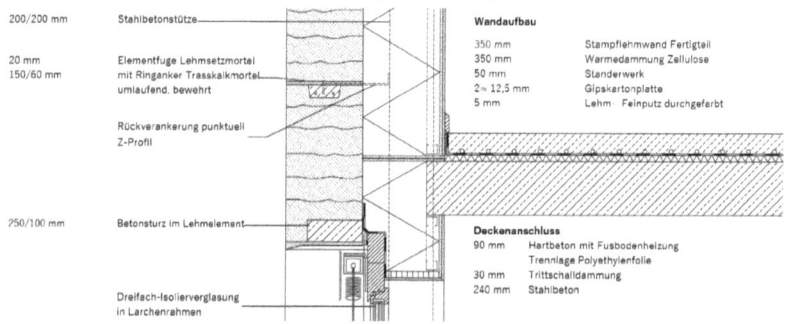

Detail 4 - Deckenanschluss M 1:20

---

[22] mlzd.ch: Besucherzentrum schweizerische Vogelwarte, Neubau
[23] DETAIL 12/2015: Besucherzentrum schweizerische Vogelwarte in Sempach
[24] lehmtonerde.at
[25] FIRST: Das Fach Magazin von Holzbau Schweiz, 1/2016

Abbildung 21 Schweizerische Vogelwarte;
Quelle: DETAIL 1/2016, Alexander Jaquemet

3.1.7 Alnatura Campus

Baujahr   2016-2017
Ort   Darmstadt, Deutschland
Architekt   haascookzemmrich STUDIO2050
Bauherr   Alnatura Campus GmbH

Das Projekt Alnatura Campus wurde von dem Architekturbüro haascookzemmrich STUDIO2050 als Firmensitz des Bio-Lebensmittelhändlers Alnatura für 500 Mitarbeitende geplant. Die Stahlbetonskelettkonstruktion ist das hauptsächliche Tragwerksystem des Gebäudes. Die Konstruktion ist eine Hybridkonstruktion bestehend aus folgenden Teilen: Stahlbetonstützen, Stampflehmwänden an der nördlichen und südlichen Seite, zwei Pfosten-Riegel-Glasfassaden und einem Dachtragwerk aus Holzbindern. Das Holzsatteldach ist mit einem asymmetrischen Dachfirst gebaut, wobei zwei voneinander entkoppelte Systeme aus Holzbindern auf Stahlbetonstützen entstehen.[26]

Abbildung 22 - Alnatura Campus; Quelle: Roland Halbe

Stampflehmwände

Im Vergleich zum Ricola Kräuterzentrum von Herzog & de Meuron 2013 wurde der Bauprozess von der Firma Lehm Ton Erde Baukunst GmbH unter der Leitung von Martin Rauch in diesem Projekt noch weiterentwickelt. Die Wände wurden zwar auch hier komplett maschinell vorgefertigt, diesmal wurden aber eine 17 cm starke Kerndämmung sowie die Rohre einer Wandheizung gleich mit eingestampft.[27]

Abbildung 23 - Alnatura Campus; Quelle: Eduardo perez

Die Dicke der Stampflehmwände beträgt mit Sicherheitszuschlägen von 6 cm 69 cm. Um Zeit und Kosten zu sparen, wurden als erstes große Elemente mit einer Länge von 30 m gebaut und dann nach dem Ausschalen in kleinere Blöcke zugeschnitten. Die vorgefertigten 1x3,5 m Stampflehmblöcke wiegen pro Stück etwa 4,5 t. Konstruktiv besteht ein Block aus drei Elementen:

Abbildung 24 - Vorfertigungsprozess einer Stampflehmwand mit integrierten Dämmung; Quelle: Emmanuel Dorsaz

---

[26] Tragwerksplanung: Knippers Helbig GmbH
[27] DBZ 09/2019: Alnatura Campus, Darmstadt

einer äußeren Stampflehmschale mit einer Dicke von 38 cm, einer 14 cm Innenschale und einer dazwischen liegenden 17 cm starken Kerndämmung aus recyceltem Schaumglasschotter. [28] Die zwei außenliegenden Lehmschalen wurden durch Geogitter durch die Dämmschicht miteinander verbunden. Für die Materialmischung wurden bis zu 70% des Aushubs aus der Großbaustelle Stuttgart 21 verwendet[29], um eine braungelbe Färbung zu erreichen. Als Bindemittel wurde Lehm aus einer Ziegelei sowie aus Lavaschotter zur Verbesserung der Dämmwirkung verwendet.

Abbildung 25 - Alnatura Campus- Stampflehmaußenwand
Quelle: Roland Halbe

Abbildung 26 - Alnatura Campus, Bauprozess
Quelle: ZRS

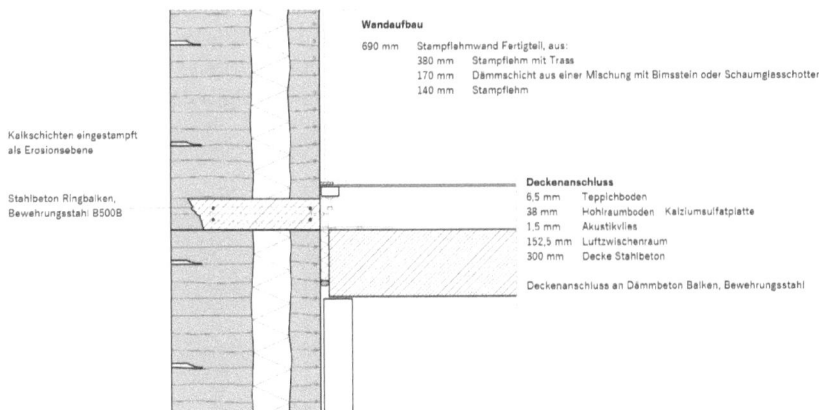

Detail 5 – Deckenanschluss
M 1:20

---

[28] DETAIL 11/2019: Lehmbau im Großformat
[29] Upscaling Earth: Martin Rauch, S. 90, 2019

3.1.8 ERDEN Werkhalle

Baujahr   2019
Ort   Schlins, Österreich
Architekt   Martin Rauch, Lehm Ton Erde Baukunst GmbH
Bauherr   Lehm Ton Erde Baukunst GmbH

Abbildung 29 - ERDEN Werkhalle; Quelle: Hanno Mackowitz

Als Labor und Werkstatt entsteht die Halle für die Firma ERDEN GmbH in der Gemeinde Schlins in Vorarlberg. Das Gebäude wurde als Werkhalle mit integriertem zweistöckigem Planungsbüro für die Herstellung von Stampflehmprodukten von Martin Rauch und der Firma Lehm Ton Erde Baukunst GmbH konzipiert. In dieser Fabrik sollen mit Hilfe einer halbautomatisierten Maschine bis zu 40 m lange Lehmwandblöcke produziert werden. Wenn man Schicht für Schicht diesen Block maschinell gestampft hat, wird er mit einem Diamantschneider in einzelne kleine Blöcke geschnitten und zu Baustellen innerhalb von 200 km Entfernung transportiert. So können vorgefertigte Stampflehmelemente an Bauprojekte in Österreich, Süddeutschland und der Schweiz geliefert werden. Die Halle ist insgesamt ca. 67 m lang und 24 m breit mit ca. 1500 m^2 überbauter Fläche.[30] Die Konstruktion besteht hauptsächlich aus Stampflehmwänden und einer Holzkonstruktion, die auf Streifenfundamenten aus Beton stehen. Anders als beim Ricola Kräuterzentrum tragen die Wände hier sich selbst und das Dach, während im Ricola Kräuterzentrum die Stampflehmwände an einer Stahlbetonkonstruktion montiert wurden. An der südlichen Seite wurde eine 67 m lange, 60 cm dicke und 8 m hohe Stampflehmwand errichtet. Diese tragende Außenwand wurde in Abschnitten um 30 cm versetzt und so kommt man auf insgesamt 90 cm Wanddicke, worauf eine Holzdachkonstruktion aufliegt.[31] So entstehen

Abbildung 28 - Zuschnitt der vorgefertigten Stampflehmwand
Quelle: Hanno Mackowitz

Abbildung 27 - ERDEN Werkhalle
Quelle: Hanno Mackowitz

---

[30] DBZ 09/2019: Alnatura Campus, Darmstadt
[31] Lehm Ton Erde Baukunst GmbH: Unstabilisierter Stampflehm – 100 % ERDE, 2020

Nischen in der Fassade, wo Sonnenkollektoren aufgebaut wurden. Um Zeit und Aufwand zu sparen, wurden die Lehmwände komplett vorgefertigt, in kleinere Teile geschnitten und an die Baustelle geliefert und in der gleichen Reihenfolge wieder montiert. Die Wände wurden mit Schafwolle gedämmt und als Erosionsschutz wurden Kalkschichten miteingestampft. Die Dachkonstruktion wurde als Binder- und Fachwerkskonstruktion ausgeführt. Es kommen dabei auch GFM-Platten zum Einsatz, durch die man zwei Vorteile gewinnen kann: zum einen die Luftdichtigkeit mit der zusammenhängenden Dampfbremse sowie zum anderen die Aussteifung für die Statik. Das Dach wurde außerdem mit ca. 30 t Stroh gedämmt.[32]

Abbildung 30 - ERDEN Werkhalle
Quelle: Hanno Mackowitz

---

[32] Gutes Klima Haus GmbH: Werkhalle Lehm Ton Erde

Abbildung 31 - ERDEN Werkhalle
Quelle: Hanno Mackowitz

3.2 Resümee

Materialmischung und Stabilisierung

Als Materialmischung für das Stampfen von Bauelementen wie Stampfböden sowie tragenden und nicht tragenden Stampflehmwänden und für die Kunstwerke aus Stampflehm werden Aushubmaterialien möglichst aus der nahen Umgebung des Projektes verwendet. Dies war bei allen untersuchten Projekten der Fall, außer bei dem Projekt Alnatura Campus. Da wurden bis zu 70% Erdmaterialien aus der Großbaustelle Stuttgart 21 nach Darmstadt transportiert.

Die Mischung besteht hauptsächlich aus Lehm, Sand und Schotter. Die Festigkeit der Lehmwände wird nur durch die Verdichtungsenergie erreicht, es sei denn, man verwendet einen Stabilisator. In Europa tendieren die Bauprojekte nicht zur Verwendung von Zusatzstoffen wie Zement, Kalk, Bitumen oder anderen Chemikalien, um die Stampflehmwände zu stabilisieren. Das Problem ist dabei, dass die Stampflehmelemente mit zusätzlichen Stabilisatoren ihre Recyclingfähigkeit verlieren. Mit der Mischung von Zement beispielsweise als Zusatzstoff wird zwar eine höhere Festigkeit erreicht, dafür kann man allerdings den größten Teil des Materials auch nicht wiederverwenden. Es geht dabei um die Frage der Nachhaltigkeit und darum, wie man Materialien einsetzt, die recyclingfähig sind und möglichst keinen Müll für die Umwelt produzieren.

1. Kapelle der Versöhnung   Keine Stabilisator
2. Haus Rauch   Keine Stabilisator
3. Schwimmbad in Toro   Zusatzstoffe wie Kalk und Zement
4. Lehmhaus für Umweltbildung   Keine Stabilisator

5. Ricola Kräuterzentrum   Keine Stabilisator
6. Vogelwarte Sempach   Keine Stabilisator
7. Alnatura Campus   Keine Stabilisator
8. ERDEN Werkhalle   Keine Stabilisator

Tragende Funktion und Tragwerksysteme

Die Stampfwände werden entweder als Kunstwerk oder als tragende und nicht tragende Wände benutzt. Die Dicke der tragenden Außenwände muss mindestens 32,5 cm betragen, während es bei den tragenden Innenwänden mindestens 24 cm sein müssen[33]. Bei den untersuchten Projekten ist die Dicke der tragenden Außenwände zwischen 25 cm und 69 cm. Bei dem Projekt Alnatura Campus wurde die größte Wanddicke erreicht, da in den vorgefertigten Wandblöcken 17 cm Dämmschicht mit eingestampft wurden. Bei den anderen untersuchten Gebäuden wurde keine Dämmung in den Wänden eingestampft, sondern additive dazu gefügt. Bei dem Projekt Lehmhaus für Umweltbildung beträgt die Dicke der Wand 25 cm, da sie keine tragende Stampflehmwand ist. Als konstruktives Element kann die Stampflehmwand Druckkräfte gut aufnehmen, allerdings keine Zugkräfte. In den meisten untersuchten Fällen werden die tragenden Stampflehmwände mit anderen konstruktiven Elementen und Tragwerksystemen wie z. B. Stahlbetonkonstruktionen oder Holzkonstruktionen kombiniert. Dabei tragen die Wände entweder nur sich selbst oder sind an dem Tragen der Dachkonstruktion beteiligt. Zur Stabilität werden außerdem im oberen Bereich Ringanker benötigt. Diese können sowohl aus Beton als auch aus Holz gebaut werden. Die Stampflehmwände könne auch mit Geogitter bewehrt werden wie die vorgefertigten Wände für Alnatura Campus.

1. Kapelle der Versöhnung   Stampflehmwände und Holzkonstruktion;
      Die Wände tragen nur sich selbst
2. Haus Rauch   Stampflehmwände;
      Die Wände tragen sich selbst und das Dach
3. Schwimmbad in Toro   Stampflehmwände und Stahlbetonkonstruktion;
      Die Wände tragen sich selbst und das Dach
4. Lehmhaus   Stampflehmwände und Holzkonstruktion;
      Die Wände tragen nur sich selbst
5. Ricola Kräuterzentrum   Stampflehmwände und Stahlbetonkonstruktion;
      Die Wände tragen nur sich selbst
6. Vogelwarte Sempach   Stampflehmwände, Holzkonstruktion und
      Stahlbetonkonstruktion;
      Die Wände tragen nur sich selbst
7. Alnatura Campus   Stampflehmwände, Stahlbetonstützen und
      Dachtragwerk aus Holzbindern und;
      Die Wände tragen nur sich selbst
      Mit Geogitter bewehrte Stampflehmwände
8. ERDEN Werkhalle   Stampflehmwände und Holzkonstruktion;
      Die Wände tragen sich selbst und das Dach

---

[33] Lehmbau-Praxis, S. 228; Ulrich Röhlen und Christof Ziegert

Methode des Erosionsschutzes

Wenn die Stampflehmwand als Außenwand verwendet wird, muss sie vor Schlagregen geschützt werden. Dies kann man entweder durch das Bauen eines Dachüberstandes oder durch das Unterbrechen vom Wasserfluss auf der Außenfassade mit Hilfe einer Schicht von Ziegelplatten oder Trasskalkmörtel oder ähnlichem erreichen, die in der Wand zwischen den Schichten mitgestampft wird. Es können auch Zusatzstoffe wie Zement oder Kalk verwendet werden, was aber in Europa wegen des Verlustes der Recyclingfähigkeit nicht üblich ist. Bei allen untersuchten Fällen wurde die Mischung chemisch nicht behandelt, außer bei dem Projekt Schwimmbad in Toro, Spanien, bei dem Siloxan als Stabilisator verwendet wurde.

1. Kapelle der Versöhnung   Dachüberstand
2. Haus Rauch   Schlammziegel (Ziegelplatten)
3. Schwimmbad in Toro   Siloxan
4. Lehmhaus   Trasston Schichten
5. Ricola Kräuterzentrum   Trasskalkmörtel
6. Vogelwarte Sempach   Trasskalkmörtel
7. Alnatura Campus   Kalkschichten
8. ERDEN Werkhalle   Kalkschichten

Mechanisierte Verfahren und Vorfertigungsprozess

Die Stampflehmwände – ob tragend oder nicht tragend – werden im Allgemeinen entweder an der Baustelle produziert oder vorgefertigt. Früher wurde Lehm manuell mit Schlagwerkzeugen verdichtet. Der technische Fortschritt hat aber diesen händischen Aufwand durch pneumatische Stampfer ersetzt. Diese Änderung hat zwar eine sehr große Erleichterung mit sich gebracht, fordert aber nach wie vor Handarbeit. Im Projekt Haus Rauch 2008 wurden alle Wände vor Ort an der Baustelle mit dem Pressluftstampfer gestampft, während im Ricola Kräuterzentrum 2013 alle Stampflehmwände separat – aber neben der Baustelle – produziert und als vorgefertigte Elemente montiert wurden. Für die Vorfertigung wurde hierbei eine Maschine von Martin Rauch entwickelt und erstmals eingesetzt. Die Stampfmaschine läuft zwischen den Schalungsplatten entlang und verdichtet den Lehm Schicht für Schicht wie ein Plotter bis zur ca. 40 m langen Wand. Danach wird die Wand mit einem Diamantschneider je nach Bedarf in kleinere Blöcke geschnitten und an die Baustellen geliefert. In den Projekten Alnatura Campus 2017 und ERDEN Werkhalle 2019 wurde die Maschine weiterentwickelt und verfeinert.

1. Kapelle der Versöhnung   Keine Vorfertigungsverfahren (Pressluftstampfer)
2. Haus Rauch   Keine Vorfertigungsverfahren (Pressluftstampfer)
3. Schwimmbad in Toro   Keine Vorfertigungsverfahren (Pressluftstampfer)
4. Lehmhaus   Vorfertigungsverfahren
5. Ricola Kräuterzentrum   Vorfertigungsverfahren ((Stampfmaschine ab 2012))
6. Vogelwarte Sempach   Vorfertigungsverfahren (Stampfmaschine)
7. Alnatura Campus   Vorfertigungsverfahren (Stampfmaschine)
8. ERDEN Werkhalle   Vorfertigungsverfahren (Stampfmaschine)

		Ort	Baujahr	Höhe
1.	Kapelle der Versöhnung	Deutschland	2000	7 m
2.	Haus Rauch	Österreich	2008	2 Geschossig
3.	Schwimmbad in Toro	Spanien	2010	6,4 m
4.	Lehmhaus Merian Gärten	Schweiz	2012	1 Geschossig
5.	Ricola Kräuterzentrum	Schweiz	2012	10,8 m
6.	Vogelwarte Sempach	Schweiz	2015	2 Geschossig
7.	Alnatura Campus	Deutschland	2017	12 m
8.	ERDEN Werkhalle	Österreich	2019	8 m

Tabelle 1

		Wanddicke cm	Tragende Funktion	Tragwerksystem
1.	Kapelle der Versöhnung	60	Die Wände tragen nur sich selbst	SLW + Holzkonstruktion
2.	Haus Rauch	45	Die Wände tragen sich selbst und das Dach	SLW + Holzkonstruktion
3.	Schwimmbad in Toro	60	Die Wände tragen sich selbst und das Dach	SLW + SB
4.	Lehmhaus Merian Gärten	25	Die Wände tragen nur sich selbst	Holzkonstruktion
5.	Ricola Kräuterzentrum	45	Die Wände tragen nur sich selbst	SLW + SB
6.	Vogelwarte Sempach	35	Die Wände tragen nur sich selbst	SLW + SB + Holzkonstruktion
7.	Alnatura Campus	69	Die Wände tragen nur sich selbst	SLW + SB + Holzkonstruktion
8.	ERDEN Werkhalle	60	Die Wände tragen sich selbst und das Dach	SLW + Holzkonstruktion

Tabelle 2   SLW: Stampflehmwände   SB: Stahlbetonkonstruktion

		Vorfertigung	Stabilisierung	Erosionsschutz	Dämmung
1.	Kapelle der Versöhnung	Keine Vorfertigungs-verfahren (Presslufts-tampfer)	Keine Stabilisator	Dachüberstand	Keine Dämmung mit gestampft
2.	Haus Rauch	Keine Vorfertigungs-verfahren (Presslufts-tampfer)	Keine Stabilisator	Ziegelplatten	Keine Dämmung mit gestampft
3.	Schwimmbad in Toro	Keine Vorfertigungs-verfahren (Presslufts-tampfer)	Zusatzstoffe wie Kalk und Zement	Siloxan wasserabweisend	Keine Dämmung mit gestampft
4.	Lehmhaus Merian Gärten	Vorfertigungsverfahren	Keine Stabilisator	Dachüberstand + Trasston	Zelluloseflockung; Keine Dämmung mit gestampft
5.	Ricola Kräuterzentrum	Vorfertigungsverfahren (Stampfmaschine ab 2012)	Keine Stabilisator	Trasskalkmörtel	Keine Dämmung mit gestampft
6.	Vogelwarte Sempach	Vorfertigungsverfahren (Stampfmaschine)	Keine Stabilisator	Trasskalkmörtel	Keine Dämmung mit gestampft
7.	Alnatura Campus	Vorfertigungsverfahren (Stampfmaschine)	Keine Stabilisator	Kalkschichten	17cm Schaumglasschotter mit ge-stampft
8.	ERDEN Werkhalle	Vorfertigungsverfahren (Stampfmaschine)	Keine Stabilisator	Kalkschichten	Keine Dämmung mit gestampft

Tabelle 3

3.3 Robotische Fabrikation

Aufgrund der technischen Entwicklung wurden die händisch geführten Stampfer durch pneumatische Stampfer ersetzt. Dies brachte eine enorme Erleichterung mit sich, da man weniger Kraftaufwand leisten musste, allerdings erfolgte die Durchführung noch immer per Hand, was den Zeitaufwand letztlich kaum beeinflusste. Unter Anleitung von Professor Gernot Minke wurde an der Universität Kassel im Forschungslabor für Experimentelles Bauen (FEB) ein

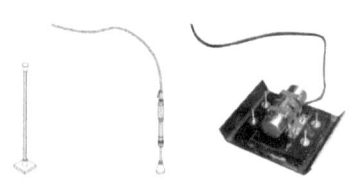

Abbildung 32- Stampfgeräte; Quelle: ITE, TU Braunschweig

elektrischer Vibrationsstampfer entwickelt. Das Gerät läuft selbständig über die Lehmschichten zwischen den Schaltafeln und verdichtet den Lehm durch die Vibration. Anhand der Praxistests ist man zu der Erkenntnis gekommen, dass das Gerät (Frequenz, Fliehkraft und Gewicht) ständig an die immer veränderten Eigenschaften der verwendeten Materialmischung angepasst sein muss. So hält Minke fest: „Die Platte sollte sich von der Oberfläche abheben, damit ein Stampfeffekt entsteht. Ein Vibrieren bzw. Rütteln ohne Abheben reicht nicht aus.".[34]

---

[34] Gernot Minke, Handbuch Lehmbau, 8. Auflage 2009; S. 63

Außerdem wird auch an der TU Braunschweig intensiv zu dieser Thematik geforscht und erprobt, nämlich vom Institut für Tragwerksentwurf (ITE). In einem Studentenprojekt wurde die Idee getestet, das Schalen, Befüllen und Verdichten in einem Prozess zu vereinen, also nur den Bereich zu schalen, der gerade verdichtet wird. Die Ergebnisse des Studentenprojekts waren vielversprechend und so wurde das System im eins zu eins Maßstab getestet. Hier wurde nun die Kombination aus einer Rüttelplatte und einer Gleichstellung verwendet, um ein 2,50 m langes und 80 cm hohes Bauteil robotergestützt zu erstellen.[35] Die Stampflehmwand hat eine Masse von 1,4 t und besteht aus 58 Schichten mit einer durchschnittlichen Schichthöhe von 1,4 cm. Die Fertigungsgeschwindigkeit betrug dabei

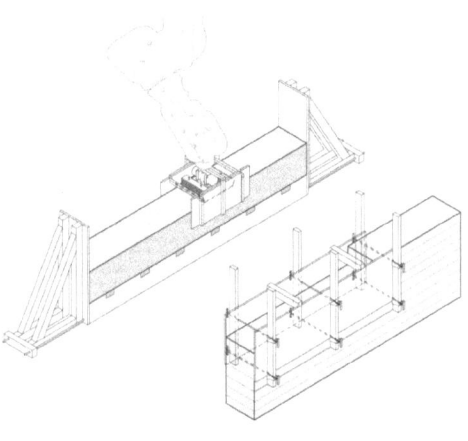

Abbildung 35 – Versuchsaufbau; Quelle: ITE, TU Braunschweig

8 h/m³. Die robotergestützte Fabrikation von Stampflehmbauteilen bringt verschiedene Vorteile mit sich: Da die Festigkeit des Stampflehms nicht durch eine chemische Reaktion erfolgt, sondern nur durch die Verdichtungsenergie, können die Schaltafeln unmittelbar nach dem Verdichtungsprozess gehoben werden. Beim robotergestützten Verdichtungsprozess werden daher nur da Schalplatten eingesetzt, wo der Roboter gerade verdichtet. So verzichtet man auf das Schalungsmaterial und spart damit mehr Kosten. Andere Vorteile der robotischen Fabrikation sind zudem sowohl die architektonische Gestaltungfreiheit als auch das vollautomatisierte Herstellungsverfahren und damit verbundene Arbeitskräfte und die Zeit.

Abbildung 34 – Bauprozess
Quelle: ITE, TU Braunschweig

Abbildung 33 - Robotisch gefertigte Stampflehmwand
Quelle: ITE, TU Braunschweig

---

[35] DBZ 7/8/2019: Robotische Fabrikation von Bauteilen aus Stampflehm

4 Fazit

Die Zielsetzung der vorliegenden Arbeit lag darin, den Stand der Technik in Europa im Jahr 2021 bezüglich der Stampflehmbauweise zu untersuchen. Es wurden dabei die konstruktiven Herausforderungen sowie die Herstellungsverfahren der Stampflehmwände behandelt. Anhand einer vergleichenden Analyse mehrerer Projekte wurden Themen wie die Festigkeit der Stampflehmwände, Tragwerksysteme, Erosionsschutz, Vorfertigung, Materialmischung, Stabilisatoren, Dämmung und ein robotisch gestütztes Herstellungsverfahren dargestellt, untersucht und miteinander verglichen. Anschließend wurden zwei vergleichenden Tabellen erstellt und ein Resümee geschrieben, um einen anschaulichen Überblick über die Gemeinsamkeiten und Unterschiede der untersuchten Fälle zu schaffen.

Zusammenfassend lässt sich sagen, dass das Baustoff Lehm ein zukunftsfähiges Baumaterial ist, das heutzutage eine Art Renaissance erlebt. Stampflehmblöcke werden komplett voll- oder halbmechanisiert vorgefertigt, an die Baustelle transportiert und üblicherweise mit verschiedenen Tragwerksystemen wie einer Stahlbeton- oder Holzkonstruktion montiert. Das Material ist außerdem weltweit verfügbar und so werden Aushubmaterialien aus der nahen Umgebung für das Bauen direkt verwendet. Die Mischung besteht hauptsächlich aus Lehm, Sand und Schotter. Diese müssen in bestimmten, sehr genauen Mengen nach Lehmbau-Regeln gemischt und können dann sofort als Stampfmaterial benutzt werden. So sind die Stampflehmwände bis zu 100% recyclingfähig. Es sei denn, man fügt Stabilisatoren wie Zement, Bitumen, Kalk oder Siloxan bei. Die Stampflehmwände werden als tragende Außenwände bis zu 12 m hoch gebaut (Alnatura Campus 2017). Zum Erosionsschutz wurde eine Methode von Martin Rauch entwickelt: die kontrollierte Erosion. Dabei werden Ziegelplatten oder Trasskalk Schichten oder ähnliches an der Außenseite der Stampflehmwand mit einer Tiefe von bis zu ca. 15 cm miteingestampft, was zu einer Unterbrechung des Wasserflusses auf der Oberfläche führt und somit als Erosionsbremse dient. Es sollte auch nicht unerwähnt bleiben, dass es zum Stampflehm als Baumaterial noch kein DIN-Normen gibt. Dazu gelten die Lehmbau Regeln. Diese bringt Schwierigkeiten bezüglich der Genehmigung des Bauvorhabens mit sich und es wird eine Zulassung im Einzelfall benötigt. Um die ökonomischen sowie ökologischen Herausforderungen der Stampflehmbauweise zu überwinden, wird von Experten, Firmen und Universitäten versucht, neue Lösungen zu finden. Die TU Braunschweig beispielsweise forscht zur robotischen Fabrikation von Stampflehmelementen. Des Weiteren arbeiten Martin Rauch und seine Firma ERDEN GmbH an zwei Projekten: einem Eurocode für Stampflehm und Detailkatalog für Anschlüsse der Stampflehmbauteile.[36]

---

[36] Vortrag: Sprechen über Architektur – Martin Rauch, 02.03.2017

5 Literaturliste

Bücher

1. Heringer, Anna; Blair Howe, Lindsay & Martin Rauch (2019): Upscaling Earth. In: gta Verlag, ETH Zürich, Zürich

2. Minke, Gernot (2012): Handbuch Lehmbau. In: ökobuch Verlag, Staufen bei Freiburg.

3. Pilz, Achim (2012): Lehm im Innenraum: Eigenschaften, Systeme, Gestaltung. In: Fraunhofer IRB Verlag, Stuttgart.

4. Rauch, Martin (2015): Gebaute Erde Gestalten & Konstruieren mit Stampflehm. In: Detail (Hrsg.)

5. Schroeder, Horst (2019): Lehmbau: Mit Lehm ökologisch planen und bauen. In: Springer Vieweg, Wiesbaden.

6. Volhard, Franz & Röhlen, Ulrich (2009): Lehmbau Regeln. Dachverband Lehm e.V. (Hrsg.) In: Vieweg + Teubner GWV Fachverlage GmbH, Wiesbaden.

7. Ziegert, Christof & Röhlen, Ulrich (2020): Lehmbau-Praxis. In: Beuth Verlag GmbH, Berlin, Wien, Zürich. S. 209 - 234.

8. SCHNEIDER, PFOH & GRIMM: Projektplattform Energie: Leitfaden 01 Ökologische Kenndaten Baustoffe und Bauteile, S. 19. Bayerischer Bauindustrieverband e.V. & Zentrum für Nachhaltiges Bauen (TU München).

9. Lehmbau·info, Verbraucherinformation (03.2014). Dachverband Lehm e.V. (Hrsg.), Weimar.

Artikels

10. DETAIL, Zeitschrift für Architektur + Baudetail, (05.2009): Wohnhaus in Schlins. S. 453 – 456.

11. BHW: Bauhandwerk (05.2011): Kontrollierte Erosion im Lehmbau. Artikel von Thomas Wieckhorst.

12. BURGERGMAIND ZYTIG (05.2013), Nummer 114, S. 16.

13. Hochparterre: Zeitschrift für Architektur und Design (2013), Band 26, Heft 6-7.

14. DETAIL, Zeitschrift für Architektur + Konzepte (09.2014): Haptisches Fabrikgebäude als erratische Block. Artikel von Daniel A. Walser, S. 852 – 854.

15. BHW: Bauhandwerk (10.2014): Stampflehmbau nach Plänen von Herzog & de Meuron für Ricola in Laufen. Artikel von Thomas Wieckhorst.

16. DETAIL, Zeitschrift für Architektur + Konzepte (03.2015): Lehmbau in neuer Dimension. S. 212 – 219.

17. DETAIL Dokumentation (12.2015): Besucherzentrum Schweizerische Vogelwarte in Sempach. S. 1256 – 1261.

18. FIRST: Das Fach Magazin von Holzbau Schweiz (01.2016): Ein Nest für Besucher.

19. Bund Deutscher Architekten BDA, Hg.: „Das Haus der Erde: Positionen für eine klimagerechte Architektur in Stadt und Land", Berlin (2019). Online verfügbar unter: https://bda-bund.de/wp-content/uploads/2019/04/Das_Haus_der_Erde_.pdf.

20. Deutsches Ingenieurblatt (05.2019): Fassade aus Stampflehm für Bürogebäude. Artikel von Thorsten Helbig & Matthias Oppe.

21. db, Deutsche Bauzeitung (06.2019): Alnatura Campus in Darmstadt. Kritik von Rosa Grewe.

22. DBZ (07/08.2019): Robotische Fabrikation von Bauteilen aus Stampflehm. Interview mit Martin Rauch: Nadine Schimmelpfennig.

23. DETAIL Dokumentation (11.2019): Alnatura Campus Darmstadt, "Lehmbau im Großformat". Artikel von Jakob Schoof, S. 74 – 81

24. Rauch, Martin (2020): Unstabilisierter Stampflehm – 100 % ERDE. Lehm Ton Erde Baukunst GmbH (Hrsg.), Schlins, Österreich.

25. DBZ (01.2021): CO_2-Werte und Ressourcenverbrauch werden zukünftig das Baumaterial bestimmen. Interview mit Martin Rauch: Nadine Schimmelpfennig.

Vorträge und Videos

26. Sprechen über Architektur: Martin Rauch (02.03.2017), Wien. Online verfügbar unter: https://youtu.be/FONSrv9Quxc

27. BAUEN UND WOHNEN, Interview mit Martin Rauch (Online veröffentlicht am 22.03.2019). Online verfügbar unter: https://youtu.be/OPUAI6hAT9Q

28. Robotische Fabrikation von Bauteilen aus Stampflehm. ITE - TU Braunschweig (Online veröffentlicht am 04.11.2020). Online verfügbar unter: https://youtu.be/F-0BvaeLBHw

29. Dokumentation Film, Interview mit Martin Rauch: Ist Lehm der Baustoff der Zukunft? Online verfügbar unter: https://www.pm-wissen.com/videos/aa-214gz34pn2112/

Webseiten

30. Lehm Ton Erde Baukunst GmbH: lehmtonerde.at

31. Knippers Helbig GmbH, Ingenieurbüro: knippershelbig.com

32. haascookzemmrich STUDIO2050, Architekturbüro: haascookzemmrich.com

33. Dachverband Lehm e.V.: dachverband-lehm.de

34. ZRS Architekten Ingenieure: zrs.berlin/de/

35. mlzd, Architekturbüro: mlzd.ch

36. Barcelo Baumann Architekten GmbH: barcelobaumann.ch

37. NETZWERK LEHM - Fachverband zur Förderung des Lehmbaus sowie zur Vernetzung von Lehmbauschaffenden in Österreich: http://netzwerklehm.at/

38. KAPELLE DER VERSÖHNUNG: https://www.berliner-mauer-gedenkstaette.de/de/kapelle-216.html

39. Zeichen der Hoffnung: https://www.strasse-der-moderne.de/portfolio/berlin-kapelle-der-versoehnung/

40. Öffentliches Hallenbad in Toro: https://www.baunetzwissen.de/gesund-bauen/objekte/kultur-freizeit/oeffentliches-hallenbad-in-toro-2369495

41. Schwimmen im Stampflehm: https://www.baunetz.de/meldungen/Meldungen-Bad_in_Spanien_fertig_1570449.html

42. Indoor Swimming Pool in Toro / Vier Arquitectos: https://www.archdaily.com/124418/indoor-swimming-pool-in-toro-vier-arquitectos

43. Municipal indoor swimming pool in Toro: https://archello.com/project/municipal-indoor-swimming-pool-in-toro